D1718310

Viel Spaß
beim lesen

Arne Peters

Frau Peters will wandern

Und ich muss da wohl mit

Herstellung und Verlag: BoD
Books on Demand, Norderstedt.

ISBN: 9783744894456

INHALT

1

Noch eine Stunde

Sonntag, 7. Mai 2017. Ich sitze mit Frau Peters im Bistro eines Hamburger Sportclubs. Wir schmieden Urlaubspläne. Die Leute an den Nebentischen trinken frisch gepressten Orangensaft und sprechen über Trainingsziele. Wir hingegen haben heute keinen Sport gemacht. „Auch mal schön, nur Sauna", sage ich und bestelle ein dunkles Hefeweizen. Frau Peters nickt, holt mit einem Teelöffel die Eiswürfel aus ihrer Weißweinschorle und fragt: „Wollen wir nicht mal eine ganz andere Art von Urlaub machen?" Ich zucke die Schultern: „Natürlich. Gerne. Eine andere kanarische Insel?"

„Nein", sagt sie und druckst ein wenig herum, „das meine ich nicht - was ganz und gar anderes. Einfach mal durch Deutschland wandern zum Beispiel. Irgendeine zufällig gewählte Strecke. Sagen wir mal von Hannover nach Paderborn oder so."

„War wohl heute ein bisschen heiß in der Sauna", denke ich und sage: „Ja - das wäre in der Tat mal was ganz anderes. Von Hannover nach Paderborn laufen. Dass ich da nicht selbst drauf gekommen bin..." „Brauchst dich gar nicht so lustig zu machen", sagt Frau Peters, „ich glaube, das kann sehr spannend werden. Und Paderborn war ja nur ein Beispiel. Sag du doch mal ganz spontan zwei Städtenamen." Ich greife zum Glas, nehme einen großen Schluck Bier und will gerade antworten, dass es mir nun doch viel zu schnell geht mit dieser Schnaps- idee, als eine kräftige Männerstimme hinter mir sagt: „Bochum. Bielefeld."

Ich drehe mich irritiert um. Ein junges Pärchen, in dunkelgrünem Partnerlook-Bademantel, schlendert vorbei. „Hä?", fragt die Dame in Grün stellvertretend für mich mit. „Bochum gegen Bielefeld 1:1. Ist gleich zu Ende", erklärt ihr Begleiter und öffnet die Glastür zum Ruheraum.

„Bochum. Bielefeld. Dann ist das ja schon mal geklärt", sagt Frau Peters und strahlt. „Super", lache ich und bestelle die Rechnung. Das Gespräch habe ich kurze Zeit später wieder vergessen. Sie nicht. Und so sitze ich einige Wochen später in einem Zug der Deutschen Bahn AG. Noch eine Stunde bis Bochum...

2

Du bist keine Schönheit

„Meine Damen und Herren unser nächster Halt in wenigen Minuten Dortmund Hauptbahnhof. Sie haben dort Anschluss an einen Eurocity nach Hamburg-Altona von Gleis 8." Ich strahle: „Perfekt. Den nehmen wir. Dann sind wir um 22:00 Uhr wieder zu Hause." „Sehr witzig", sagt Frau Peters, „lass uns lieber schon mal das Gepäck zusammen packen. Von Dortmund sind es nur noch zehn Minuten bis Bochum."

Kurze Zeit später sind wir da. „Das Hotel ist nicht allzu weit entfernt", sagt Frau Peters beim Verlassen des Bahnhofes. „Ich schlage vor, wir gehen zu Fuß." „Klar. Sehr gerne."

Bochum präsentiert sich bei unserer Ankunft von seiner besten Seite: Die Abendsonne taucht Straßen und Gebäude in ein warmes, schönes Licht. Kinder lachen, und in der Ferne hört man Kirchenglocken. „Ganz schön hier, oder?", sagt Frau Peters. Ich nicke: „Mit der Zeile ‚Du bist keine Schönheit' muss der berühmte Sänger ein anderes Viertel besungen haben." „Oder es hat sich in den letzten Jahren stark verändert", gibt

Frau Peters zu bedenken. Wie auch immer: Die Stimmung ist gut und ich freue mich tatsächlich ein bisschen auf diese seltsame Wanderwoche. Nur mein nagelneuer Rucksack nervt ein wenig. Es hatte endlose Diskussionen im Vorfeld gegeben. „Man wandert doch nicht mit einem Hartschalen-Rollkoffer!", hatte Frau Peters immer wieder betont. Dafür gäbe es doch Rucksäcke. Mein Einwand, einen Rollkoffer müsse man aber nicht schleppen, sondern könne ihn, wie der Name schon vage andeute, auch rollen, hatte sie aber verständlicherweise ebenso wenig überzeugt wie mein Hinweis darauf, dass man so einen Koffer auch mal als Sitz gebrauchen könne und obendrein die Kleidung knitterfrei transportiert würde. „Nein. Auch wenn wir zugegebenermaßen auf Straßen laufen und nicht im Gebirge: Wandern und Hartschalen-Rollkoffer - das passt einfach nicht zusammen." Es gäbe im Übrigen auch Rucksackkoffer. Wenn ich mich schon unbedingt trotzig von der Wanderszene distanzieren wolle, sei das ja vielleicht ein Kompromiss. Ich hatte schließlich zugegeben, dass die ganze Diskussion Quatsch sei, und mir einen ultraleichten, 40-Liter-Tourenrucksack gekauft, der jetzt vollgestopft mit Laptop, Zweitschuhen, Kamera und ehemals gebügelten Hemden auf meinen Schultern lastet. Um 19:00 Uhr erreichen wir unsere Unterkunft für die heutige Nacht. „Hm", sage ich, „es gibt ja Hotels, die von innen schöner sind, als man von außen zunächst vermutet." Frau Peters nickt: „Gibt es, aber ich fürchte, dieses gehört nicht dazu." Dass sie mit dieser Vermutung nicht ganz falsch liegt, wissen wir einige Minuten später, als wir die Tür des Zimmers 22 öffnen. Ich stelle meinen Rucksack in die Ecke, schiebe die Vorhänge zur Seite und öffne das Fenster. „Mach dir nichts draus", sage ich und öffne das Minipäckchen Gummibären, das als Willkommensgruß auf dem Kopfkissen liegt. „Wir sind ja hier, um zu wandern, und nicht, um im Hotelzimmer zu hocken." Frau Peters wischt mit dem Zeigefinger über das Regal neben der Badezimmertür und nickt. Ja, da habe ich recht. Man solle sich die gute Laune jetzt nicht verderben lassen, sondern stattdessen lieber ein schönes Restaurant in der Nähe suchen.

Zwanzig Minuten später sitzen wir in einer urgemütlichen Taverne. „Ich bin Dimitri", sagt der junge, freundliche Kellner, drückt uns die Speisekarten in die Hand, stellt warmes Brot auf den Tisch und fragt, ob er uns schon mal einen Ouzo bringen dürfe. Darf er. „Das ist ja hierzulande ungewöhnlich, dass sich ein Kellner mit Namen vorstellt", sagt Frau Peters und schaut Dimitri hinterher, „sehr nett." Dann dreht sie sich zu mir: „Also, wie abgemacht: Wir laufen jeden Tag, auch bei Wind und Regen, aber nur relativ kurze Strecken, damit wir genug Zeit haben, vorher oder hinterher im jeweiligen Ort noch etwas anzuschauen. OK?" „OK!" „Gibt es irgendwas, das du dir morgen Vormittag hier in Bochum anschauen möchtest?" „Ja", sage ich und registriere, dass sie überrascht, aber auch erfreut ist, dass ich mich offensichtlich zumindest ein bisschen vorbereitet habe, „das Bergbaumuseum öffnet bereits um 8:30 Uhr. Das möchte ich mir gerne anschauen." Frau Peters nickt: „Prima. Das interessiert mich auch. Und am späten Vormittag laufen wir dann los. Sind knapp 20 Kilometer bis nach Dortmund." „Da fährt auch ein Zug", sagt Dimitri und stellt einen mit Lamm gefüllten Tontopf auf unseren Tisch. „Jede Stunde sogar." „Wir möchten aber zu Fuß gehen", sagt Frau Peters. Dimitri schaut uns an und zuckt mit den Schultern. Er scheint nicht so recht zu wissen, wie er darauf reagieren soll. „Reis kommt gleich", sagt er schließlich. Es wird ein richtig schöner Abend. Das Essen ist hervorragend. Wir bestellen eine zweite Karaffe Wein und sind irgendwann die letzten Gäste. „Ist hier immer so früh Schluss?", frage ich Dimitri, als er den Nachtisch bringt. Er nickt. Ja, in der Woche habe er tatsächlich oft schon um 22:00

Uhr Feierabend, obwohl das Restaurant offiziell länger geöffnet sei. Dann setzt er sich kurz zu uns und fragt: „Wieso lauft ihr denn zu Fuß durchs Ruhrgebiet? Habt ihr eine Wette verloren oder so?" Frau Peters sticht mit der Gabel in ein Quarkbällchen und zieht es durch den Honig. „Nein. Keine Wette. Wir hatten einfach beide Lust, so etwas mal auszuprobieren." Ich verschlucke mich kurz an dem Rotwein, worauf Dimitri mich anschaut, mir aufmunternd zunickt und sagt: „Freunde von mir sind schon häufig mit dem Fahrrad von Bochum nach Dortmund gefahren. Es gibt seit einigen Jahren eine Route auf alten Gleisanlagen, die toll sein soll. Die beginnt am Bahnhof Bochum Langendreer und ist vermutlich auch zum Wandern geeignet." „Wow", sagt Frau Peters und strahlt. Das sei ein sehr guter Tipp und sie werde nachher mal Näheres dazu lesen. Als wir kurz später an den Tresen schlendern, uns bedanken und die Rechnung begleichen, hat Dimitri die meisten Stühle schon hoch gestellt. „War toll hier. Wir würden sicher häufiger kommen", sagen wir zur Verabschiedung, „aber wir wohnen leider in Hamburg." „Na und", sagt Dimitri und zuckt die Schultern: „Das ist doch zu Fuß gerade mal 80 Stunden entfernt."

Münster

Bielefeld

Gütersloh

Beckum

Hamm

Bönen

Unna

Bochum   Dortmund

3

Doch doch

Am nächsten Morgen ist Frau Peters schon früh wach. „Ich gehe schon mal in den Frühstücksraum und schaue mir ganz in Ruhe die Wanderkarte an", sagt sie. Ich nicke noch etwas verschlafen: „Ok. Ich dusche kurz und komme dann auch hinunter."

Als ich im Frühstückssaal ankomme, sehe ich Frau Peters mit zwei mir unbekannten Leuten am Tisch sitzen. Der Raum ist brechend voll. „Das sind Viola und Ralph", sagt Frau Peters. „Ich durfte mich netterweise zu ihnen setzen. Die beiden kommen auch aus Hamburg, und dreimal darfst du raten, was sie hier machen." „Wandern?" „Wandern!" „Auch das noch", denke ich und sage: „Echt? Von wo nach wo denn?" „Aachen nach Münster." Ich rühre lang in meinem Kaffeebecher und nicke ausgiebig: „Auch sehr, sehr interessant." „Ja sehr", bestätigen die beiden. Und es sei schön, dass man sich kurz kennengelernt habe, aber sie müssten jetzt los. „Lange Etappe heute!" „Tja - da kann man nichts machen", sage ich und denke, während wir noch mal winken: „Gott sei

Dank haben wir keine Telefonnummern mit denen getauscht, sonst käme sicher jemand auf die Idee, man könne doch gelegentlich mal ein Wochenende gemeinsam durch die Lüneburger Heide toben." Nach dem Frühstück möchte Frau Peters noch kurz eines ihrer Patenkinder anrufen, das heute Geburtstag hat. Ich deponiere in der Zwischenzeit unsere 40-Liter-Rucksäcke an der Rezeption und bezahle das Zimmer. „Hat es Ihnen bei uns gefallen?" Ich nicke: „Ganz ausgezeichnet." „Möchten Sie eine Treuekarte beantragen? Damit wäre jede elfte Übernachtung bei uns frei." „Das meint die doch jetzt nicht ernst", denke ich und sage: „Ach danke. Aber ehrlich gesagt - man hat ja schon so viele Karten von allen möglichen Sachen." „Schon gut. Ich wollte es Ihnen ja nur anbieten."

Vom anderen Ende der Lobby erschallt plötzlich lautes Gelächter, gefolgt von einem ungläubigen: „Das ist doch nicht dein Ernst. Er wollte mit einem Rollkoffer wandern?" Ich schaue mich um. Viola und Frau Peters stehen hinten am Fahrstuhl und tauschen sichtlich vergnügt Telefonnummern aus.

„Wie hat Ihnen das Bergbaumuseum gefallen?", fragt die Treuekarten-Rezeptionsdame, als wir am späten Vormittag ins Hotel zurückkehren. „Toll! Grandios", sage ich und folge ihr in den kleinen Raum für deponiertes Gepäck.

In der Tat war es ein faszinierender Ausflug in eine fremde Welt gewesen. „Klar, man neigt dazu, das alles ein wenig zu romantisieren, ähnlich wie in Hamburg die Seefahrt", hatte ich auf einen entsprechenden Einwurf von Frau Peters zugegeben. Aber faszinierend sei es trotzdem. Allen voran der Seilfahrtsimulator. Durch das Rütteln der Kabine, die entsprechenden Geräusche und Videoeinspielungen hatten wir für kurze Zeit tatsächlich die Illusion, hunderte Meter in die Tiefe zu fahren. „Das Runter- und Hochfahren ist in etwa das, was bei der Seefahrt das Ablegen und Anlegen im Hafen ist", hatte ich gedacht. „Faszinierende Momente, aber die ganze Zeit dazwischen... Stundenlang im dunklen Schacht oder tagelang auf dem großen öden Meer." Zwei Vorstellungen, die ich dann tatsächlich gleichermaßen unromantisch fand. „Unten wurde mir kurz ganz mulmig", hatte Frau Peters gesagt. Für Leute mit Platzangst sei das sicher nicht der richtige Beruf gewesen. „Vielleicht gewöhnt man sich daran", hatte ich gemutmaßt, was Frau Peters, wenn ich ihren skeptischen Blick richtig interpretiert hatte, aber für ebenso unwahrscheinlich hielt wie ich.

17

„Da ist es trotz Wind und Nieselregen doch schöner, hier oben an der frischen Luft zu sein", denke ich, als wir kurz später am Bahnhof Bochum-Langendreer ankommen. Nun gibt es wohl kein Zurück mehr. Ich schnüre meine neuen Wanderschuhe, die ich auf Empfehlung von Frau Peters in der letzten Woche bereits zweimal im Dienst getragen hatte. „Nein, schön sind sie nicht, aber sie müssen eingelaufen werden", hatte ich den irritierten Kollegen erklärt. „Wir wussten ja gar nicht, dass du so ein Wanderer bist. Machst du das regelmäßig?" „Gelegentlich."

Frau Peters schaut mich an. „Keine Lust, oder?" „Doch doch", sage ich und ziehe die Schultergurte meines ultraleichten Tourenrucksackes fest. „Ich versuche nur, mir die große Vorfreude und Aufregung nicht so sehr anmerken zu lassen." „Gelingt dir ganz gut", sagt sie. Wir lachen und klatschen uns ab, wie Sportler vor einem großen Wettkampf.

„Bin ja mal gespannt, was uns da jetzt erwartet", sage ich und denke an die klugen Ratschläge, die man uns gestern im Zug erteilt hatte. Wir sollten doch lieber etwas weiter südlich laufen, hatten uns Mitreisende empfohlen. Die Routen dort in der Umgebung von

Hattingen, wie etwa die zur Burg Blankenstein, seien wirklich schön. „Nun", hatte ich gesagt, „solch liebliche Strecken sind ja bei vielen Gelegenheitswanderern sehr beliebt, ich selber finde es aber spannender direkt von Bochum nach Dortmund zu laufen." Eine etwas gewagte Aussage vor der allerersten Wanderung im Leben, hatte ich abends in Dimitris Taverne zugegeben und eingeräumt, dass Frau Peters zurecht genervt die Augen verdreht hätte. „Ich hatte halt einfach keine Lust auf die Diskussion", hatte ich mich gerechtfertigt, „und danach war doch zumindest Ruhe im Abteil."

„Ja - das stimmt. Danach war Ruhe", sagt Frau Peters, beißt in einen Himbeermüsliriegel und schaut ein wenig skeptisch nach oben. „Ich hätte mir für unseren ersten Spaziergang ehrlich gesagt etwas schöneres Wetter gewünscht. Ich hoffe, das schreckt dich jetzt nicht gleich ab." „Nein, tut es nicht", sage ich und denke: „Hat sie das jetzt gerade Spaziergang genannt? Das klingt ja unsportlich und wird einer fast 20 Kilometer langen Tour unter widrigsten Umständen sicher nicht gerecht." Andererseits kenne ich ihre alten Geschichten. Wilde Reisen damals, vor meiner Zeit: Korsika. GR 20 Wanderweg, 2000 Meter Höhenunterschied, Blut im Schuh und so weiter: Wer so einen Blödsinn

19

mal gemacht hat, empfindet das hier natürlich als Spaziergang. Für mich jedoch beginnt in diesem Moment die erste ernst zu nehmende Wanderung meines Lebens. Ich atme tief durch, verfluche kurz den Typ im grünen Bademantel und forme dann die Hände zu einem Trichter: „Nach Dortmund zurück bleiben bitte!" Eine entgegen kommende Hundebesitzerin schaut mich irritiert an. Frau Peters zuckt die Schultern. Ich grüße freundlich. Dann wandern wir los.

Frau Peters ist jetzt in ihrem Element. Zügig schreitet sie voran. „Herrlich, oder?" sagt sie und strahlt. Ich nicke etwas angestrengt und denke: „Wenn wir in dem Tempo weiter laufen, sind wir vermutlich morgen Mittag schon in Bielefeld." Frau Peters scheint meine Gedanken zu ahnen: „Sollen wir ein bisschen langsamer gehen?" „Nun", sage ich während wir an der Gartenkolonie ‚Grüne Lunge' vorbei eilen: „Das hätte zumindest den Vorteil, dass man von der Etappe ein wenig länger was hat."
Einige Minuten später haben wir eine für uns beide angenehme Laufgeschwindigkeit gefunden. Die Stimmung ist gut. Ich pfeife die Melodie von 'Das Wandern ist des Müllers Lust' und bin erfreut, dass mir das Laufen einigermaßen leicht fällt.

„Soll ich dir ein bisschen was zu der Strecke hier erzählen?", fragt Frau Peters während wir auf einer blauen Brücke die Autobahn überqueren. „Unbedingt!"

„Also, diese Route wird ‚Rheinischer Esel' genannt. Sie war ursprünglich eine Eisenbahnstrecke vom Bahnhof Bochum-Langendreer zum Bahnhof Dortmund-Löttringhausen. Auf ihr wurden in erster Linie Güter transportiert. Darüber hinaus", sagt Frau Peters und grüßt einen entgegen kommenden Wanderer, „diente sie jedoch auch dem Personenverkehr und wurde unter anderem von Marktfrauen benutzt, die ihre Waren transportierten. Diesem Bild der voll bepackten Züge verdankt die Strecke angeblich ihren Namen." „Weiß man das auch endlich", denke ich und sage: „Wow - hast du das alles heute Nacht noch gelesen?" Sie nickt und schaut etwas besorgt in den dunkelgrauen Himmel. „Richtig gut sieht es nicht aus." Ich zucke die Schultern. Dann wandern wir eine zeitlang stumm nebeneinanderher.

Die Strecke ist in der Tat nicht uninteressant. Am Wegesrand wechseln sich schöne, dicht bestandene Baum- und Strauchbepflanzungen mit Graffiti beschmierten Industrie- und Lagergebäuden ab. An einzelnen Stellen sind noch Teile der alten Gleisanlage zu sehen. Als wir etwa ein Drittel der Strecke hinter uns gebracht haben, wird der Regen plötzlich deutlich stärker. „Ganz schön ungemütlich", denke ich. Zudem fällt mir das Gehen jetzt doch schwerer als anfänglich gedacht.

„Stelle dir beim Wandern einfach vor, du gehst mit Taucherflossen am Strand entlang, dann hebst du die Beine automatisch und schlurfst gleich viel weniger", hatte Nele mir mit auf den Weg gegeben. Taucherflossen am Strand: „Das ist ja mal wieder so ein richtig typischer Nele-Vorschlag", hatte ich gedacht und sie beim Verlassen der kleinen Physiotherapiepraxis spontan umarmt. „Wird bestimmt viel schöner als du denkst", hatte sie noch hinterher gerufen. Und jetzt, 48 Stunden später, stehe ich irgendwo zwischen Bochum und Dortmund und schaue nach oben. Der Regen wird stärker und der Himmel immer dunkler.

Frau Peters wischt sich eine nasse Haarsträhne aus dem Gesicht. „Wo bist du denn gerade mit deinen Gedanken?" „Am Strand", antworte ich wahrheitsgemäß. „Sehr witzig!", sagt Frau Peters und zieht ihr Regencape über den Kopf.

Vier Stunden später stehe ich an einer riesigen

Panoramaglasscheibe eines schönen Hotels in Dortmund. Das Hotel sei überbucht, wurde uns beim Einchecken mitgeteilt, ob wir einverstanden wären, zum gleichen Preis eine Suite zu beziehen. „Na ausnahmsweise", hatte ich streng gesagt, dann aber, als ich merkte, dass mein Tonfall gar nicht gut ankam, vorsichtshalber noch schnell ein „Selbstverständlich gerne" hinterher geschoben.

Und nun stehen wir hier in der Suite Nummer 6 und ich frage Frau Peters, in welchem Hotel sie lieber einen zweiwöchigen Urlaub verbringen würde „In diesem hier, oder in unserem gestrigen Hotel in Bochum?" Frau Peters lacht und lässt sich rückwärts aufs Bett fallen. „Da könnte ich mich nicht entscheiden", sagt sie. „Und du?" „Ich? Nun, ich würde mich eventuell für dieses hier entscheiden." „Ach", lacht Frau Peters, „nur weil die Zimmer dreimal so groß, dreimal so hell und dreimal so schön sind? Wegen solcher Äußerlichkeiten würdest du dem armen Bochumer Hotel einen Korb geben? Pfui." „Tja", sage ich, blättere in der Zimmerservice-Speisekarte und frage: „Soll ich uns eine große gemischte Tapasplatte und eine Flasche spanischen Rotwein bestellen?" „Ja. Sehr gerne. Das haben wir uns nach dieser tollen ersten Etappe ganz sicher verdient", sagt

Frau Peters, „auch wenn der Anfang ganz schön verregnet war: Die letzten zwei Stunden sind traumhaft gewesen. Schöne Strecke, Sonnenschein und jetzt zum Abschluss auch noch in einer Suite gelandet." „Ja", bestätige ich, „das war wirklich ein schöner erster Tag, und die Strecke hat mir auch richtig gut gefallen. Ging zwar immer nur schnurstracks geradeaus, aber die Ausblicke waren teilweise großartig. Tolle Idee, eine alte Bahnstrecke jetzt so zu nutzen." „Ja, finde ich auch", sagt Frau Peters, „und morgen Vormittag um 9:00 Uhr deine Besichtigung des Dortmunder Stadions. Perfekt!"

Ich nicke und hebe den Daumen. In dem Moment klingelt das Telefon.

4

Der kurze Pfosten

„Übertrieben pünktlich sind sie ja nicht, deine neuen Freunde", sage ich und fahre mit der Zunge über das Zahnprovisorium, das ich seit einer Stunde mein Eigen nenne. „Bist du sicher, dass wir an der richtigen Kreuzung sind?" Frau Peters nickt: „Wir sind richtig", sagt sie und kratzt mit einem Holzstäbchen den letzten Milchschaum aus ihrem Pappbecher. „Die kommen sicher gleich."

„Wieso hat diese Viola dich denn gestern Abend überhaupt angerufen? Ich meine: Ihr habt zehn Minuten in Bochum zusammen am Frühstückstisch gesessen und jetzt sollen wir den ganzen Tag mit denen durch die Gegend laufen? Ist das bei euch in der Wanderszene so? Wahrscheinlich wollen die sich die ganze Zeit unterhalten. Und überhaupt: Was machen die denn jetzt hier in Dortmund? Ist das nicht ein Umweg für die beiden? Haben die womöglich sogar ihre Pläne geändert und wollen jetzt gar nicht mehr nach Münster, sondern lieber mit uns nach Bielefeld laufen?" Dann könnten wir uns ja eine ganze Woche unterhalten und uns so richtig toll kennen lernen. Da würde ich mich schon jetzt wahnsinnig drauf freuen. „Stop!", sagt Frau Peters energisch. „Du hattest einen blöden Vormittag, das weiß ich, und dass du deine Stadionführung wegen dieser Zahngeschichte verpasst hast, tut mir leid. Aber lass deine schlechte Laune jetzt bitte nicht an mir aus und auch nicht an den beiden - die können nichts dafür. Da kommen sie übrigens gerade. Bitte lächeln."

„Ja, ja, ok", sage ich, „wie heißt der Typ noch mal?" „Der Typ heißt Ralph", sagt Ralph, der ganz offensichtlich schon in Hörweite ist, „Ralph mit ‚ph'."

„Sorry, wir sind ein bisschen spät dran", sagt Viola, „hoffe, das ist nicht schlimm." Frau Peters wischt mit der Hand durch die Luft: „Ach. Kein Problem. Das Wichtigste ist doch, dass wir uns nicht verpasst haben." „Morgen sind wir pünktlich", verspricht Ralph, „hoffe, es war nicht zu nervig für euch, hier an der Straße zu warten?" „Kein Problem", sage ich und denke „Morgen? Wieso morgen?" Ralph zeigt auf mein neues, ultraleichtes, rollenloses Gepäckstück: „Ach nee. Das ist ja ein Zufall. Genau den Rucksack wollte ich mir eigentlich auch kaufen. In der Größe und in der Farbe. Bist du zufrieden?" Ich zucke die Schultern. „Hatte

noch nie einen besseren", sage ich wahrheitsgemäß. „Ach das freut mich", strahlt Ralph und
schaut uns an. „Wie wäre es, wenn wir uns
zunächst einmal auf die Bänke da vorne setzen,
einen Tee trinken und jeder sagt mal kurz, was
er von dieser gemeinsamen Wanderung nach
Unna erwartet." Ich schaue Frau Peters an. Sie
zuckt die Schultern und lächelt. Dann setzen
wir uns. „Das wird sicher ein ganz toller Tag",
raune ich Frau Peters zu und atme tief durch.

Dass es tatsächlich ein toller Tag werden könnte, ahne ich Sekunden später, als Ralph seinen
Rucksack aufsetzt, losstapft und uns lachend
über die Schulter zu ruft: „Mensch Leute, steht
auf, das war'n Scherz." „Da habe ich den guten
Ralph mit ‚ph' wohl unterschätzt", denke ich.
Vielleicht sollte ich meine Vorurteile mal ein
wenig entrümpeln.

Frau Peters und Viola laufen los. Ralph und ich
hinterher. Wir schweigen einige Minuten. „Und
du hast dir heute Vormittag das leere Stadion in
Dortmund angeschaut?" Ich schüttele den Kopf:
„Nein. Habe ich nicht." „Na, dann habe ich das
wohl falsch verstanden", sagt Ralph erleichtert
und lacht. „Das hätte mich auch gewundert."
Also, wenn da ein wichtiges Spiel stattfände, so
ein richtiges Endspiel mit Konfetti, großem

Pokal und allem drum und dran, dann könne er schon nachvollziehen, dass da Leute hingehen. Wenn man dann noch eine der beiden Mannschaften aus irgend einem Grund sympathischer finde als die andere, könne man bestimmt so richtig ein wenig mitfiebern. Aber da versehentlich oder sogar absichtlich am falschen Tag hinzugehen, um auf den leeren Rasen zu schauen, das sei ja auf den ersten Blick nicht so wahnsinnig spannend.

„Ja", sage ich, „das mag sein, aber angeblich kommen jedes Jahr zehntausende Menschen absichtlich am falschen Tag, um das Dortmunder Stadion zu besichtigen." „Nee", sagt Ralph. „Doch!", sage ich. „Und um ein Haar wäre ich auch einer von ihnen gewesen." Da mir jedoch beim Frühstück die Ecke eines Schneidezahnes abgebrochen sei, hätte ich den Vormittag nun glücklicherweise nicht damit vergeudet, auf einen leeren Rasen zu schauen, sondern hätte stattdessen mehrere interessante Zeitungsartikel im Wartezimmer einer Dortmunder Dentalpraxis gelesen. „Hm", sagt Ralph irritiert aber auch mitfühlend, „wir sind ja morgen Vormittag in Unna. Da gibt es doch vermutlich auch ein Stadion." Ich nicke und schaue ihn an: „Du willst jetzt aber nicht vorschlagen, dass ich mir statt dessen morgen das Stadion in Unna anschauen soll, oder?"

„Nein, nein", sagt Ralph hastig, „das wäre sicher kein adäquater Ersatz." Außerdem sei das Stadion in Unna nach allem, was er wisse, auch deutlich kleiner als das in Dortmund. „Aber", sagt er dann leise in einem vertraulichen Ton, „eigentlich muss ich zugeben, dass ich mich gar nicht so sehr für Fußball interessiere." Ein Geständnis, das mich nun nicht völlig unvorbereitet trifft.

Viola und Frau Peters könnten Schwestern sein. Beide etwa gleich alt, schlank, dunkle Haare und beige Wanderhosen. Und sie haben sich ganz offensichtlich viel zu erzählen. Wild gestikulierend laufen sie etwa 50 Meter vor uns her. Gelegentlich hört man ein verwehtes, herzliches Lachen. Ralph, und ich hingegen trotten eher schweigsam nebeneinander her. „Wohnt ihr auch mitten in der Stadt?", beginne ich einen neuen Versuch, gemeinsame Interessen auszuloten. „Um Gottes Willen", lacht Ralph, „schon wegen der Hunde nicht." „Klar. Logisch", sage ich. Dann schweigen wir wieder.

Die Strecke von Dortmund nach Unna hätte bei der Wahl zur schönsten Wanderetappe Deutschlands vermutlich nur Außenseiterchancen. Wir laufen durch ein relativ langweiliges Wohnge-biet. Rasenmäher surren, Hunde bellen und in der Ferne ist eine Schnellstraße zu hören. „Dortmund ist eben nicht Burg Blankenstein", denke ich gerade, als Frau Peters sich umdreht und ruft: „Die Strecke wird nachher schöner. Versprochen." Ralph, der mich mit seinem fröh-lichen Grinsen, seinen roten Wangen und seiner langen Nase ein wenig an eine Kasperpuppe erinnert, scheint jetzt schon glücklich zu sein: „Ach herrlich. Nicht ein Wölkchen am Him-mel." Tritratrullala…

„Denk an die Taucherflossen", ermahne ich mich immer, sobald ich den Eindruck habe ein wenig zu schlurfen. Ich hatte gestern aus unse-rer Suite noch kurz bei Nele in der Praxis angerufen und von dem ersten Tag berichtet. „Klingt so, als würde es dir zwar gefallen, aber dass du noch viel lieber mit richtigen Taucher-flossen an einem richtigen Strand üben würdest", hatte sie gelacht. „Ja, das hast du mal wieder gut erkannt und bestens zusammenge-fasst", sage ich. „Na - das war ja auch nicht schwer. Außerdem kenne ich dich ja jetzt schon fast acht Jahre. Viel Spaß weiterhin. Halte durch und melde dich, wenn irgendwas ist." „Mach ich. Danke." „Seit wann weißt du denn, dass du Parkinson hast?", fragt Ralph mit ‚ph'. Ich zucke zusammen. „Was?", frage ich irritiert. „Wie kommst du denn darauf? Hat Frau Peters etwa gleich beim ersten Treffen am Frühstückstisch von meiner wundervollen kleinen Krankheit erzählt?" „Nein, nein", sagt Ralph beschwichtigend, aber er habe ja Augen im Kopf und hätte gesehen, dass irgendwas bei mir nicht stimme, und er habe einen Onkel mit dieser Krankheit, der würde sich auch so bewegen, und da habe er einfach mal eins und eins zusammen gezählt und auf Parkinson getippt. „Aber wenn du nicht darüber sprechen möchtest, ist das natürlich völlig ok". „Naja - so viele andere Themen haben wir ja nicht", denke ich und sage: „Schon ok. Acht Jahre." Dann gehen wir schweigsam weiter. „Hat er mir doch tatsächlich angesehen", denke ich. „Mist." Es war natürlich nicht das erste Mal, dass mich jemand direkt auf meine etwas unrunden Bewegungen angesprochen hat, aber die Zahl derjenigen, die sagen, man sehe mir die Erkrankung gar nicht an, ist zur Zeit noch deutlich größer, was ich albernerweise stets als eine Art Kompliment auffasse. „Aber nun gut", denke ich, „vielleicht bewege ich mich heute auch einfach etwas schlechter als sonst." Ich versuche jedenfalls, mir die Stimmung nicht verderben zu lassen, und genieße das sonnige Wetter. Ralph öffnet eine Tüte mit getrockneten Aprikosen. „Das

Beste ist", sagt er und klopft mir aufmunternd auf die Schulter, „die Krankheit zu akzeptieren und offen damit umzugehen. Es gibt doch sehr viel schlimmere Diagnosen als Parkinson." Ich nicke, wohlwissend, dass ich genau das auch schon unzählige Male fast wörtlich so gesagt habe. Es ist allerdings etwas völlig anderes, ob man selber sagt, 'Ach - ist doch nicht so dramatisch', oder ob man es gesagt bekommt. Ich meine, jemand, dem es egal ist, ob er in Dortmund oder in Unna eine Stadionführung macht, der soll mir doch bitte nicht erzählen, meine Krankheit sei nicht so dramatisch. Trotzig greife ich in die Aprikosentüte. „Nimm ruhig", sagt Ralph, „wollte dir eh gerade welche anbieten." „Äh. Ja. Entschuldigung. Danke." Kauend wandern wir weiter. „Schmeckt's?" „Ja."

„Wenn es früher schon Internet gegeben hätte", sagt Ralph plötzlich und schafft es, mich mit diesem Satz tatsächlich komplett zu überraschen, „wäre ich vielleicht auch Fußballfan geworden". „Das musst du mir erklären", sage ich und schaue ihn interessiert an. „Kleine Pause?", ruft Viola. „Jetzt nicht", rufe ich zurück. Und dann berichtet Ralph davon, wie unsicher er früher gewesen sei, wenn es um Fußball ging. „Gab so eine Clique, die wussten alles über Fußball. Vermutlich von ihren größeren Brüdern." Er selber habe sich einige Male mit Fragen so blamiert, dass er sich schließlich zurück gezogen habe. „Hätte man sich damals schon alle Fragen per Knopfdruck beantworten lassen können, wer weiß? Das Leben vieler Leute wäre vermutlich anders verlaufen. Das gilt selbstverständlich nicht nur für Fußball, sondern für alle möglichen Themen." Ich nicke und bin plötzlich in Gedanken ganz weit weg. Fußball im Sportunterricht. Anfang der 70er Jahre. Der von Maulwurfshügeln übersäte Sportplatz hinter dem Schulgebäude. Niederlage kurz vor Schluss. „Beim Eckball hätte jemand am kurzen Pfosten stehen müssen", sagt Werner aus der Parallelklasse, „dann wäre das letzte Tor nie und nimmer gefallen." „Sind die beiden Pfosten nicht gleich lang?", denke ich, traue mich aber nicht, die Frage zu stellen. Glücklicherweise, wie ich auch heute immer noch denke. Welcher Pfosten ist nun aber kürzer? Der linke oder der rechte? Solche Fragen kann man heutzutage ganz schnell und diskret mit jedem modernen Telefon klären. Ein Knopfdruck und man weiß, dass der dem Standpunkt des ballführenden Spielers nähere Pfosten der ‚kurze Pfosten' ist beziehungsweise so genannt wird. Aber damals? Ich fragte meinen Vater, doch der war der falsche Ansprechpartner. Mit jeder technischen und auch mit jeder philosophischen Frage hätte ich zu ihm kommen können, aber Fußball? „Die sind gleich lang", war seine Antwort. „Sonst wäre ja auch die Latte schief." Es vergingen mehrere Tage, bis ich die Lösung gefunden hatte. Ich schnappte sie zufällig auf. Zu fragen hatte ich mich nicht getraut.

Auch heute noch, 45 Jahre später, frage ich beim Fußball übrigens noch sehr ungern. Beim Fußball weiß man gefälligst alles. Die taktische Aufstellung unserer Mannschaft, den vorherigen Verein unseres neuen Verteidigers und den Wortlaut des Streites im Trainingslager.

„Wo bist du denn mit deinen Gedanken?", fragt Ralph. „Bei deiner These." „Und?" „Ich glaube, du hast recht", sage ich und erzähle ihm die Geschichte vom kurzen Pfosten.

Bei anderen Hobbys fällt mir das Fragen hingegen leicht: „Was gilt denn so europaweit als schönste Wanderung?", möchte ich - wenn auch ehrlich gesagt nicht sonderlich dringend - von Ralph wissen. Oh, das könne er schwer beantworten. Ihn selber hätte Korsika sehr fasziniert. „Hast du doch sicher schon von gehört, oder?" „Allerdings", sage ich und greife noch einmal in die Aprikosentüte. „Soll faszinierend sein. Und anstrengend." „Ja", sagt Ralph und druckst ein wenig herum. „Wie ist es denn mit deiner Gesundheitssituation? Du wanderst heute doch vermutlich sehr viel weniger als früher, oder?" „Nein", sage ich wahrheitsgemäß. Und dann erzähle ich ihm, dass dieses meine erste Wanderung im Leben sei und dass ich eigentlich gar keine Lust dazu gehabt hätte. Dass ich aber Frau Peters zuliebe mitgekommen sei und mir außerdem mit dieser Wanderwoche beweisen möchte, so eine Tour auch in meinem jetzigen Zustand noch zu schaffen. Dass ich es eigentlich immer belächelt hätte, wenn sich Leute etwas beweisen wollen. Frau Peters zum Beispiel, die nach meinem Geschmack oft zu ehrgeizig sei. Und wegen dieser dusseligen Krankheit sage ich nun auch gelegentlich Sätze wie: „Ich werde alles dran setzen, dies und das noch zu schaffen oder zu erreichen." Manchmal komme ich mir dann selber etwas fremd vor, aber nun gut, so sei es nun mal. Ralph schaut mich lange an. „Tritratrullala", denke ich. „Alle Achtung", sagt er schließlich. „Ach", sage ich.

Nach einem relativ schönen Abschnitt, vorbei an einer Galopprennbahn und dem Hauptfriedhof, sind wir nun auf dem Asselner Hellweg. Ich frage einen entgegenkommenden Passanten, ob er sich hier auskennt, was dieser mit einem

,Sicha, hömma' zu bejahen scheint. „Ist Asseln eine eigenständige Stadt oder noch ein Stadtteil von Dortmund?", möchte ich von ihm wissen. „Gehört noch zu Dortmund", sagt er und stellt seine Einkaufstüten ab. Er sei somit ein echter Dortmunder. Er liebe es, hier zu wohnen. Für kein Geld der Welt würde er hier weg ziehen. „Toll, wenn man das über seine Heimatstadt sagen kann", denke ich. Wir plaudern noch ein wenig. Viola und Frau Peters sind mittlerweile schon mehrere hundert Meter voraus. „So so. Nach Unna wollt ihr laufen. Ist ja rührend", sagt unser waschechter Dortmunder und fragt, ob wir da schon mal gewesen seien. Ich schüttele den Kopf. „Ich schon", sagt Ralph. Er hat plötzlich einen ganz verträumten Blick: „Vor 25 Jahren. Allerdings nur zwei Minuten. Als ich damals in Unna ankam, war alles öde und grau. Und zwei Minuten später, da funkelten die Sterne." Unser Dortmunder Freund schaut Kasperle irritiert an und wendet sich dann zu mir: „Und zwei Minuten später funkelten die Sterne? Ich glaub, dein Kollege muss dringend mal aus der Sonne raus, hömma." Ich verspreche ihm, mich zu kümmern. Dann verabschieden wir uns von unserem Freund und laufen weiter. „Pokalsieger!" ruft er uns noch hinterher und wedelt dabei mit seinen Einkaufstüten. „Glückwunsch, hömma", rufe ich zurück.

„Alles ok?"", frage ich Ralph. Er nickt, ist aber ganz offensichtlich in Gedanken noch weit weg.

„Was ist denn dein Lieblingsort in Hamburg? Ich meine, was würdest du einem Besucher zuerst zeigen? Bist du eher so ein Alstertyp oder Elbetyp?" „Alster- oder Elbetyp - das weiß ich nicht. Habe ich noch nie drüber nachgedacht", sagt Ralph. „Ich bin eher so ein Allhorndiek-Teich-Typ. Der See da oben bei uns in Volksdorf. Da habe ich so viele Stunden verbracht. Das ist für mich Hamburg. Das würde ich einem Besucher zeigen." Ich bin ein wenig irritiert: „Allhorndiek-Teich in Volksdorf? Das ist für dich Hamburg?", sage ich und gebe zu, da noch nie gewesen zu sein. „Das ist ja interessant. Und was machst du da den lieben langen Tag an deinem schönen Allhorn-Dingsbums-Teich? Fische angeln?", frage ich spaßeshalber. „Nun", sagt Ralph und druckst ein wenig herum. „Ja - gelegentlich auch angeln." Es sei ihm allerdings immer etwas unangenehm, das zuzugeben, da er natürlich wisse, dass Angeln, wenn auch aus seiner Sicht völlig zu unrecht, als etwas langweilig gälte. „Aber", sagt er, „vor jemandem, der leere Stadien anschaut, braucht man ja keine Geheimnisse zu haben." Ich bleibe kurz stehen und klopfe ihm lachend auf die Schulter: „Also, wenn das für dich Hamburg ist, sollte ich dich da oben vielleicht mal besuchen kommen." Kasperle reicht mir die Aprikosentüte: „Klar. Gerne. Wann immer du möchtest." Ich mache einem Jugendlichen Platz, der mit der Bedienung seines Telefones so beschäftigt ist, dass er uns verständlicherweise nicht auch noch wahrnehmen kann und denke: „Ich laufe hier jetzt schwitzend von Dortmund-Asseln nach Unna, esse Trockenobst und plane einen Ausflug an den Stadtrand von Hamburg: Irgendetwas ist in letzter Zeit gründlich schief gelaufen." Andererseits hatte Frau Peters ja immer wieder betont, dass genau das so schön sei am Wandern: Man käme mal auf andere Gedanken. Ich schaue mich kurz um und frage, als ich sicher bin, dass niemand in Hörweite ist: „Was für Fischsorten gibt es denn da so in deinem Teich?"

Um 18:30 Uhr erreichen wir Unna. „Ich hatte gedacht, dass Ralph jünger ist", rufe ich und klicke auf dem Hotelbett sitzend die Fernsehprogramme durch. Frau Peters schaut kurz aus dem Badezimmer heraus. „Ja. Ich auch. Ist aber eine schöne Idee, so eine Wanderung am fünfzigsten Geburtstag in Münster abzuschließen."

„Abends gibt es dann ein richtig schönes Geburtstagsessen in einem tollen thailändischen

Restaurant", hatte Viola während einer Wanderpause erzählt. Und Ralph hatte ganz leuchtende Augen bekommen, nachdem er vorher doch etwas missmutig sein belegtes Schwarzbrot ausgepackt und betrachtet hatte. Darauf freue er sich schon sehr, hatte er gesagt und in die Sonne geblinzelt. Dann hatten wir uns einige Minuten auf die Wiese vor der Parkbank gelegt, in den wolkenlosen Himmel geschaut und Kasperles Mundharmonika gelauscht. Auch wenn wir seine Einschätzung, er würde sein kleines Instrument leider noch nicht so richtig gut beherrschen, relativ schnell teilten, war es doch ein wunderschöner Moment. Ich war erstaunt, wie sehr mir unsere kleine Wandertour bisher gefiel, und freute mich auf einen geselligen Abend mit unseren neuen Freunden. Allerdings musste ich mir eingestehen, dass mich die zwei Wanderetappen ganz schön angestrengt hatten. Am liebsten würde ich morgen einen Ruhetag einlegen oder zumindest nur eine sehr kleine Strecke laufen und dann den Nachmittag in einem Liegestuhl oder einer Sauna verbringen. Aber das dürfte wohl nichts werden: Das Hotel für die übernächste Nacht in Hamm war fest gebucht und Frau Peters hält ja schon unsere üblichen 20 Kilometer für Kurzetappen. „Wie schön so eine Tour doch erst sein muss", hatte ich gedacht und einer Libelle hinterher geschaut, „wenn man elegant und scheinbar mühelos fliegend zum nächsten Ziel gelangen könnte." „Woran denkst du denn gerade?", hatte Frau Peters plötzlich gefragt und ich hatte irgendwas von Modellhubschraubern erzählt. Ich meine, ich bin jetzt ein Wanderer, ok ok. Aber deshalb bin ich noch lange niemand, der sich vorstellt, wie es wohl wäre, ein fliegendes Insekt zu sein.

Um 19:00 Uhr betreten wir ein kleines Restaurant auf dem Marktplatz von Unna. Viola und Ralph sind bereits da und sitzen in der hinteren Ecke des Lokales. Viola drückt uns ein Sektglas in die Hand: „Auf diesen Tag und auf unser Kennenlernen." Ralph und Viola albern ein wenig herum und erzählen dann, dass sie sich quasi hier kennengelernt hätten. Damals vor 25 Jahren. Deshalb hätten sie auch diese Wanderroute gewählt. Aachen sei Violas Heimat, in Münster hätte Ralph studiert und in Unna - nun - da sei Viola damals - trotz eiligen Schrittes - zu spät am Bahnhof angekommen, habe ihren Zug aber dennoch bekommen, weil dieser Zug ebenso verspätet gewesen sei wie sie selbst. Und in diesem Regionalzug hätte dann Ralph gesessen. „Ja", sagt Ralph, „wäre die Bahn damals pünktlich gewesen, wären wir uns vermutlich niemals begegnet."

„Na - so eine romantische Geschichte wird Frau Peters ganz sicher sehr gefallen", denke ich und proste den beiden zu: „Auf die Bahn." Frau Peters umarmt Viola: „Ach wie romantisch."

„Ja, das war wirklich der schönste Zufall meines Lebens", sagt Ralph und hebt sein Glas. „Es war Schicksal", verbessert Viola und ihr Tonfall macht sofort klar, dass die beiden diese Frage nicht das erste Mal diskutieren. Ralph lächelt und wirkt dabei ein wenig überheblich: „Wenn es Schicksal gewesen wäre, hätten wir uns ja in jedem Fall kennenlernen müssen. Wenn nicht an dem Tag in dem blöden Zug, dann eben am nächsten Tag beim Bäcker oder am übernächsten Tag an einer Kinokasse - ganz egal. Letztendlich wäre es dann kein romantischer Zufall, sondern ein völlig nüchterner, unromantischer, vorbestimmter Akt gewesen. Wie eine von höherer Macht veranlasste Partnervermittlung." Das sehe ich genauso wie Kasperle. Viola ganz offensichtlich nicht: „Wir sollten uns nicht irgendwann kennen lernen. Es war Bestimmung, dass wir uns genau an dem Tag kennen gelernt haben, nicht am nächsten Tag beim Bäcker oder zwei Tage später an einer blöden Kinokasse. Genau an dem Tag sollten wir uns kennen lernen, genau dieser Zug

41

Verspätung haben." „Ja, ja. Klar", sagt Ralph, während ich mutmaße, wie die entsprechende Ansage im Zug damals wohl gelautet hatte: „Meine Damen und Herren, wir erreichen unseren nächsten Halt in Unna mit einer Verspätung von ca. 20 Minuten. Grund dafür ist eine Bestimmung." Viola schüttelt den Kopf und schaut mich böse an. „Ganz spannend, was sich hier plötzlich entwickelt", denke ich. Frau Peters hat dagegen ganz offensichtlich keine Lust, den Abend mit dieser Diskussion zu verbringen: Diese uralte Frage sei zugegebenerweise spannend - andererseits aber auch vollkommen egal. Denn ob es nun Zufall oder Bestimmung war, dass wir in Bochum am gleichen Frühstückstisch saßen, spiele doch eigentlich überhaupt keine Rolle. Es sei so oder so toll, dass wir uns kennengelernt haben und sie fände es daher schön, den Abend mit anderen Themen zu verbringen.

„Stimmt", sagt Viola, „da hast du eigentlich Recht." Auch Ralph und ich nicken. Dann nippen wir eine Weile stumm an unseren Sektgläsern. „Die erste Führung im Lichtkunstmuseum", sagt Viola schließlich, „ist übrigens morgen leider erst um 13:00 Uhr. Müssen wir halt noch einmal wiederkommen. Der Besuch des Museums lohnt sich angeblich sehr." Ich nicke. „Nach allem, was wir bis jetzt von Unna gesehen haben, würde sich ein zweiter Besuch sowieso lohnen." Ein übertrieben gut gelaunter Kellner bringt uns die Speisekarten und räumt dann, ein Lied pfeifend, die leeren Gläser vom Nachbartisch ab. „Meine Güte, der ist aber fröhlich", sagt Frau Peters, „so schön ist es in Unna ja nun auch wieder nicht." Viola legt die Speisekarte zur Seite: „Wir müssen uns übrigens leider nachher schon von euch verabschieden, denn wir werden morgen früh ein Stück mit dem Zug fahren. Wir schaffen es sonst einfach nicht, rechtzeitig in Münster zu sein." „Schade", sage ich und bin ganz überrascht, dass ich das tatsächlich so meine.

Als der fröhliche Kellner uns eine gute Stunde später pfeifend die Dessertkarten reicht und Ralph sich mit dem Hinweis, er müsse kurz ein Telefonat führen, nach draußen begibt, beugt sich Viola ein wenig zu uns vor: „Was Ralph nicht weiß: Zu dem Thailänder in Münster werden noch Überraschungsgäste kommen: Freunde und Bekannte. Eine richtige kleine Geburtstagsfeier. Deshalb ist es so wichtig, rechtzeitig in Münster zu sein."

Frau Peters schaut mich an: „Wir könnten doch auch ein Stück mit dem Zug fahren. Dann ist das für uns morgen zwar nur eine sehr kurze

Etappe, aber die könnten wir noch zu viert laufen. Viola und Ralph wandern dann weiter, und wir gönnen uns einen wanderfreien Wellness-Sauna-Nachmittag in Hamm. Was meinst du?"

„Tja mein lieber Kellner, so schnell geht das. Jetzt bist du nur noch der zweitglücklichste Mensch hier im Raum", denke ich. Doch statt laut zu pfeifen, zucke ich nur leicht mit den Schultern: „Ja. Warum nicht?"

5

Wink noch mal

„Lohnt sich nicht, einen Platz zu suchen. Der
Zug braucht nur wenige Minuten", sagt Viola,
die ihre beige Wanderhose heute gegen ein hüb-
sches blau-weißes Kleid getauscht hat. Um 9:25
Uhr steigen wir am Bahnhof Bönen aus und
fragen eine Gruppe Jugendlicher, wie man denn
von hier zu Fuß am besten nach Hamm komme.
„Schwierig. Sind gerade viele Baustellen. Am
Besten da vorne beim Gasthof Pohlmann rechts
und dann geradeaus bis zur Mühle. Da dann
irgendwo wieder links." Wir bedanken uns und
laufen los. „Sind Wanderer nicht eigentlich
besser vorbereitet?", ruft einer der Jugendlichen
noch hinterher. Da mir keine passende Antwort
einfällt, tue ich so, als hätte ich die Frage nicht
gehört.

Die Strecke bis zur ehemaligen Mühle, die
heute ein Kulturzentrum beherbergt, zieht sich
ganz schön. Wir laufen an kleinen Geschäften
vorbei, an Imbissbuden und an den unvermeid-
lichen Spielsalons. „Tolle Idee mit der Überraschungsparty. Da wird sich Ralph bestimmt
unglaublich freuen." „Ja, das hoffe ich auch",

sagt Viola. Sicher sein könne man sich da aber nicht. „Er feiert seinen Geburtstag nämlich nie. Irgendwie hat er immer Angst, dass niemand zu seiner Feier kommt, was natürlich Blödsinn ist." Ich schaue mich um zu Ralph, der etwa 50 Meter hinter uns mit Frau Peters eine Wanderkarte studiert. „Die Befürchtungen kenne ich auch. Da haben wir doch mal eine Gemeinsamkeit", denke ich und sage: „Gerade deswegen ist es eine schöne Idee. Mach dir mal keine Gedanken. Fahren die Gäste denn abends alle nach Hamburg zurück?" „Nein, die sind fast alle aus Münster. Es kommen alte Studienkollegen und Mitglieder seines damaligen Tennisclubs. Viele hat er schon jahrelang nicht gesehen." „Das wird bestimmt eine klasse Feier", sage ich und zeige dann auf die alte Mühle vor uns. Wow - ein wahres Schmuckstück sei das, strahlt Viola. „Hier sollten wir links abbiegen, oder?" „Ja", bestätige ich. „Hier abbiegen und dann immer geradeaus. Erst durch ein Wohngebiet, dann durch einen Gewerbepark und schließlich auf Feldwegen und kleinen Straßen Richtung Hamm." Viola schaut mich an: „Darf ich dich mal etwas fragen?" „Ja, gerne", sage ich, „wegen der blöden Krankheit?" „Welche Krankheit? Nein. Es geht um ein Geschenk für Ralph. Ich wollte mal fragen, wo du deinen Rucksack gekauft hast. In diesem großen Out-

doorladen in Hamburg neben dem Museum?"
Ich nicke. Viola strahlt. „Hatte ich mir schon
gedacht. Da habe ich auch dieses Wanderkleid
gekauft. Die haben die beste Auswahl, die beste
Beratung, die freundlichsten Kunden und sogar
eine richtige Kältekammer, in der man Winter-
jacken und Ähnliches testen kann." Ein wirklich toller Laden sei das. „Es gibt spezielle
Wanderkleider?", denke ich und sage: „Ja, der
Laden ist wirklich beeindruckend und für so
richtige Outdoorfans sicher ein großartiger
Ort." Ich selber sei von der schier uner-
schöpflichen Auswahl aber eher überfordert
gewesen. „Ich möchte einfach nur einen Rucksack kaufen", hatte ich mehrfach wiederholt.
Aber 'einfach nur einen Rucksack' kann man in
dem Laden leider nicht kaufen. „Welche
Literzahl? Gepolsterte Hüftflossen? Kompres-
sionsriemen? RV-Fächer?" Ich hatte nicht einmal die Fragen des jungen, freundlichen Out-
doorfachverkäufers verstanden, geschweige
denn, dass ich sie hätte beantworten können.
„Wollen sie mit dem Rucksack denn in die
Berge?", wollte er schließlich wissen, was ich
laut lachend mit „Um Gottes Willen" verneint
hatte. Daraufhin war es plötzlich ganz ruhig
geworden in dem Laden und etliche Kunden
und Verkäufer hatten mich vorwurfsvoll ange-
starrt. Aus Angst, die aufgebrachten Natur-

burschen würden mich womöglich gleich in die Kältekammer stecken, hatte ich daher vorsichtshalber noch schnell ein „Erst einmal zumindest nicht" hinterher geschoben.

Wir wandern schweigend weiter. Bei strahlendem Sonnenschein ist Hamm in einiger Entfernung schon zu sehen. „Schönes Licht", denke ich gerade, als Viola stehen bleibt und ihren rechten Zeigefinger auf die Lippen legt: „Hörst du das?" Ich schließe die Augen, höre jedoch nur Vogelgezwitscher. „Nein", sage ich, „was meinst du denn?" „Na - den Gesang der Vögel", schwärmt Viola. „Wir versuchen oft, Vögel am Klang zu erkennen." „Was es doch alles für drollige Arten gibt, sich die Zeit zu vertreiben", denke ich und sage, weil mir gerade keine andere Vogelart einfällt: „Also ich bin mir relativ sicher, dass das Rotkehlchen sind." Viola schaut mich an und ich habe sofort ein schlechtes Gewissen, weil ich sie nicht ernst genommen habe. „Rotkehlchen", sagt sie, „ja - das könnte sein."

Es ist mittlerweile nicht nur warm, sondern richtiggehend heiß. Mein T-Shirt klebt am Körper, und ich bin heilfroh, dass wir die Hälfte der Strecke mit dem Zug gefahren sind. Wir grüßen eine Gruppe Fahrradfahrer, die am Wegesrand eine Picknickdecke ausbreiten, und erreichen einige Minuten später eine Gabelung. „So, hier heißt es Abschied nehmen", sagt Viola, „wir werden nicht mit ins Zentrum von Hamm laufen, sondern links an der Stadt vorbei." Frau Peters nickt: „War schön, dass wir uns kennen gelernt haben. Bis hoffentlich bald." Wir umarmen uns herzlich und machen dann einigen Jugendlichen Platz die mit verdreckten Trikots vorbeischlendern. Sie hadern ganz offensichtlich mit dem Ausgang ihres Fußballpieles. „Da stand vermutlich niemand am kleinen Pfosten", sagt Ralph und zwinkert mir zu. „Am kurzen", verbessere ich. Ralph tippt sich an die Stirn. „Klar. Das meinte ich auch. Am kurzen Pfosten. Da muss einfach immer jemand stehen." „Alles in Ordnung mit euch?" fragt Viola. Wir nicken. Dann schlendern die beiden los. Richtung Norden. Zum Thailänder. Zur Überraschungsparty. Wir schauen ihnen noch eine Weile hinterher. „Wink noch mal", sagt Frau Peters und fragt: „Weißt du eigentlich, was die beiden beruflich machen?" „Nein. Du?" „Nein, ich auch nicht."

Um 13:00 Uhr erreichen wir Hamm. „Das Wetter ist viel zu schön, um in die Sauna zu gehen", sagt Frau Peters, nachdem wir unser Gepäck an der Hotelrezeption deponiert haben. „Bei dem

Wetter muss man raus." Ich nicke und denke: „Das höre ich nun schon mein ganzes Leben. Wieso eigentlich? Der Park ist bei Sonnenschein voll und die Sauna leer. Wäre es nicht viel klüger, bei schönem Wetter irgend etwas drinnen zu machen? Keine Schlange an der Museumskasse. Keine Popcorn essenden Kinonachbarn. Außerdem war ich in den letzten Tagen so viel draußen, dass es eigentlich schon für den ganzen Monat reicht." Aber die Diskussion fange ich lieber erst gar nicht an und sage stattdessen: „Im Reiseführer wurde der Maximilianpark erwähnt. Scheint so eine Art Freizeitpark zu sein." Wir fahren mit der Buslinie 3 Richtung Osten und betreten um 14:30 Uhr den Park.

„Ist gar nicht so voll. Hätte ich mir bei dem Wetter viel schlimmer vorgestellt", sagt Frau Peters und schaut sich um: „Es soll hier einen gigantischen Elefanten aus Glas und Beton geben." „Dinge, die die Welt nicht braucht", denke ich, bin dann aber kurz später doch tief beeindruckt. „Ein Werk des Künstlers Horst Rellecke", erklärt uns eine freundliche ältere Dame. Der habe aus Anlass der Gartenschau vor gut dreißig Jahren ein altes Gebäude für Kohlenwäsche in eine begehbare Plastik verwandelt. Dieser Elefant gelte seither als

Wahrzeichen von Hamm. „Schöne Idee", sage ich und bestaune den gläsernen Fahrstuhl im gläsernen Rüssel. „Da muss man erst einmal drauf kommen. Eindrucksvoll."

Abends sitzen wir auf auf einer stilvollen Park-bank im Kurgarten und packen unser Picknick aus. Baguette, Käse, Weintrauben und Dosen-bier. „Bisschen peinlich mit den Dosen", sagt Frau Peters. Ich zucke die Schultern, werfe eine Weintraube in die Luft, fange sie mit dem Mund wieder auf und proste ihr zu: „Ist schön hier. Auf den Typ im grünen Bademantel."

6

Ganz leise

Am nächsten Morgen verlassen wir unser Hotel in Hamm schon relativ früh. Das Tagesziel heißt heute Beckum. Wir laufen zunächst die Ostenallee stadtauswärts, biegen dann auf Höhe eines großen Freizeitbades in eine Parkanlage ab und stehen plötzlich vor einem 50 Meter langen Ungetüm. „Sieht aus wie ein Gradierwerk", sage ich. Frau Peters schaut mich erstaunt an: „Ein was?" „Ein Gradierwerk. Dort wird vermutlich eine Salz-Wasser-Lösung über Schwarzdornzweige geleitet und so eine salzhaltige, wohltuende Luft freigesetzt", zitiere ich die Infomappe, die ich gestern zufällig im Hotelzimmer durchgeblättert hatte. „Woher", fragt Frau Peters, nachdem sie auf einer Schautafel meine Erklärung bestätigt sieht, „weißt du denn so etwas?" „Weiß man halt", sage ich. Wir lassen uns auf einer der Holzbänke nieder und atmen tief durch. „Sehr angenehm", sagt Frau Peters, „stand in der Infomappe vom Hotel auch, wie lange man diese salzhaltige Luft einatmen soll?" Ich schaue sie an, doch sie verzieht keine Miene: „War ja nur 'ne Frage. Lass uns mal weiter." Unsere Route führt nun am Datteln-Hamm-Kanal entlang. Eine schöne Strecke. Allerdings fällt mir das Gehen heute relativ schwer. „Ist nicht so gut heute, oder?", sagt Frau Peters und schaut besorgt auf meinen unrunden Laufstil. „Geht schon", sage ich und grüße zwei Angler, die auf blauen Klappstühlen am Kanal sitzen. „Na schon was gefangen?" „Na sicha, hömma." Wo Ralph und Viola jetzt wohl stecken.

Vom schönen Wetter der letzten Tage ist leider nichts mehr zu sehen. Es ist grau und windig. Ein Rentner mit einem seltsamen, grünen Filzhut und Nordic-Walking-Stöcken überholt uns in hohem Tempo. „Na junger Mann", sagt er laut lachend, „das sieht ja nicht sehr sportlich aus. Wie soll das denn erst sein, wenn Sie in meinem Alter sind?" „Das geht Sie verdammt noch mal gar nichts an", will ich hinterher rufen, zucke dann aber die Schultern, bleibe stehen und lasse die Arme hängen. Frau Peters schaut mich erschrocken an und legt mir die Hand auf die Schulter. „Hör nicht auf so einen Quatsch." „Nein. Mache ich nicht", sage ich leise, reibe die Hände, schließe kurz die Augen und male dann mit meinem rechten Wanderschuh verlegen Kreise in den Sand. „Ach Mann", sagt Frau Peters, „Scheißkrankheit." Ich nicke mehrmals und atme einmal tief durch. So stehen wir einige Sekunden stumm da und schauen dem davon eilenden Rentner nach. „Wenn du die Wahl hättest", sage ich schließlich, „mit einem Mann verheiratet zu sein, der eine fortschreitende neurologische Krankheit hat, oder mit einem gesunden Mann, der einen seltsamen grünen Filzhut trägt: Wie würdest du dich entscheiden?" „Blödmann", sagt Frau Peters und wischt sich mit dem Handrücken über die Augen. Dann gehen wir langsam weiter.

Einige Zeit später überqueren wir den Kanal. „Oh, ich fürchte, es wird demnächst ziemlich ungemütlich", sagt Frau Peters in einem Tonfall, als müsse sie sich dafür entschuldigen. „Na und? Ist doch schön, wenn wir unsere Regenausrüstung nicht völlig umsonst die ganze Zeit mitgeschleppt haben." „Freut mich, dass du das so entspannt siehst", sagt Frau Peters.

40 Minuten später stehen wir klitschnass unter einer alten, großen Rotbuche. „Erfrischend", sage ich in einem ziemlich gereizten Ton, „wenn das Wetter hier immer so ist, war so ein warmer, regengeschützter Arbeitsplatz im Bergbau unter Tage ja vielleicht doch nicht so schlecht." Frau Peters schüttelt den Kopf. Das sei ungerecht, denn auch wenn wir Hamburger

unseren Regen oft verniedlichend flüssigen Sonnenschein nennen, müsse man doch zugeben, dass richtig schöne, trockene, warme oder gar heiße Sommertage doch eher die Ausnahmen seien. Von großen Dürrekatastrophen in unserer geliebten Hansestadt habe sie jedenfalls noch nie gehört. Im Übrigen sei man kurz vor Beckum, da spiele Bergbau eigentlich keine Rolle mehr. Beckum sei eher bekannt für seine Zementindustrie. „Schon gut, schon gut. Das war sicher ungerecht", sage ich etwas kleinlaut und krame einen Müsliriegel aus meinem mittlerweile nicht mehr ganz so neu aussehenden Rucksack. Und es sei nicht nur ungerecht, sondern auch falsch, denn ehrlich gesagt gefalle mir diese Ecke von Deutschland ganz gut. Sehr gut sogar. Zumindest viel besser, als ich gedacht habe. „Und", fahre ich fort: „Ist dir auch aufgefallen, dass wir in all den Tagen hier noch keinen einzigen richtig unfreundlichen Menschen getroffen haben." Frau Peters nickt: „Ja, ist mir auch aufgefallen", sagt sie und schraubt ihre Thermoskanne zu. „Schön, dass es dir gefällt. Wollen wir weiter?" „Gerne."

„Ich glaube wir sollten mal an die Hauptstraße", sagt Frau Peters einige Zeit später. „Hier wird es immer matschiger und außerdem kann man, soweit ich weiß, nur da die Autobahn unterqueren." Als wir die Unterführung erreichen, regnet es so stark, dass ich vorschlage, in dem Tunnel erst einmal zu warten. „Vielleicht ist es in einer Viertelstunde ja etwas besser." Eine Hoffnung, die ein etwa 70-jähriger Fahrradfahrer, der hier ebenfalls Schutz sucht, nicht zu teilen scheint. „Wenn es hier erstmal regnet, regnet es", sagt er, und nimmt seine Kappe mit der Aufschrift ‚Monika' ab. „Gibt ja angeblich kein schlechtes Wetter, sondern nur schlechte Kleidung", sagt er. Ich zucke die Schultern. „Nach der Logik gibt es auch keine schlechte Musik, sondern nur schlechte Ohrstöpsel", denke ich und sage: „Naja - wenn man sich gegen irgendwas aufwendig schützen muss, ist es aber in aller Regel nicht ganz oben auf der Beliebtheitsskala." „Ja, da hast du Recht", sagt ‚Monika' und will gerade fortfahren, als es plötzlich hell wird im Tunnel. Er blinzelt und schaut uns an. „Wenn die Sonne einmal scheint, scheint sie", sagt er, steigt auf sein Fahrrad und fährt lachend davon.

Um 17:15 Uhr erreichen wir unsere Unterkunft. „Haben sie eine Sauna im Haus?" „Nein, leider nicht". „Badewanne im Zimmer?" Die junge Dame an der Rezeption nickt und reicht uns den Zimmerschlüssel. „Eine Badewanne gibt es im Zimmer. Ja."

Zwei Stunden später sitzen wir aufgewärmt und ziemlich hungrig in einer gemütlichen Pizzeria.

„Ah - ganz neue Gesichter", sagt ein gut aussehender Herr, der hier ganz offensichtlich der Chef ist und von allen ‚Mino' gerufen wird. „Seid ihr Touristen?" Wir nicken: „Aus Hamburg." „Willkommen!" Wir bedanken uns und schauen dann in die umfangreiche Speisekarte. „Gibt es in Beckum eigentlich irgendwelche Veranstaltungen oder sonst irgendetwas Sehenswertes?", fragen wir Mino, als er einige Minuten später die Pizzen bringt und eine Flasche Chiliöl auf den Tisch stellt. „Sie meinen außer meinem Restaurant? Ehrlich gesagt eine ganze Menge. Wie kommt ihr darauf, dass das nicht so sein könnte?" Darauf haben wir keine Antwort. Er legt seine Hand auf meine Schulter und sagt „arrogante Großstädter", aber so charmant, dass es nicht vorwurfsvoll klingt. Ein bisschen unangenehm ist uns die Szene dennoch.

Nach dem Essen bringt Mino uns einen Grappa und einen Veranstaltungskalender von Beckum. „Stadtmuseum, Stadttheater, Winzerfest, Sommerprogramm auf dem Marktplatz - was immer ihr wollt." „Danke. Da schauen wir gerne mal rein", sage ich und blicke mich um. Das Lokal ist mittlerweile gut gefüllt. Die Stimmung wirkt sehr vertraut. „Nett hier", sagt Frau Peters und schaut mich an. „Die morgige Etappe ist übrigens deutlich länger als die Strecken, die wir bisher gelaufen sind. Über 30 Kilometer sind es nach Gütersloh. Wir könnten aber noch eine Zwischenübernachtung einbauen. In Rheda-Wiedenbrück zum Beispiel. Oder, wenn das Wetter wieder so ungemütlich ist, auch schon früher, in Oelde. Was meinst du?" „Über 30 Kilometer? Um Gottes Willen", denke ich und sage, nachdem ich noch mal kurz an meinem Grappa genippt habe: „An Rheda Dingsbums oder an Oelde einfach so achtlos vorbeizulaufen wäre ganz schön arrogant, das sollten wir nicht tun." Frau Peters nickt und faltet ihre Stoffserviette ganz ordentlich, wie sie das immer so macht. Als wir am Garderobenständer unsere feuchten Jacken anziehen, kommt Mino angelaufen und fragt Frau Peters, ob er ihr in die Jacke helfen dürfe. Darf er. Ich stehe daneben und bin jetzt nicht nur der arrogante Großstädter, sondern auch noch der plumpe Typ, der seiner Frau nicht in den Mantel hilft. Gar nicht schön. Frau Peters bedankt sich und fragt Mino, ob er so einen kleinen Veranstaltungskalender auch noch für Oelde habe. Er schüttelt amüsiert den Kopf: „Das lohnt sich nicht. Da ist nun wirklich nichts los." „Na na na", sage ich streng und halte Frau Peters die Tür auf.

7

Dann heben wir ab

„Du hast schlecht geschlafen, oder?", fragt Frau Peters, während sie nach einer Ablage für ihren ausgedrückten Teebeutel sucht. „Das kann man wohl sagen", denke ich und schiebe den großen Plastiktischmülleimer dezent einige Zentimeter näher an sie heran. „Nee - nicht besonders. Habe einige Stunden wach gelegen. Aber", füge ich eilig hinzu, und nicke aufmunternd, „die Etappe ist ja heute nicht so wahnsinnig lang, das geht schon." Frau Peters rührt in ihrem Teebecher. „Tut mir leid. Zu allem Überfluss ist auch die Regenwahrscheinlichkeit heute wieder relativ hoch", sagt sie kurz später, nachdem sie auf ihrem Smartphone mehrere Wettervorhersagen studiert hat. „Das stimmt", bestätige ich nach einem kurzen Blick aus dem Fenster. Aber im Großen und Ganzen hätten wir doch recht viel Glück gehabt mit dem Wetter. „Und", fahre ich fort, während ich mein Käsebrot mit ein paar Gurkenscheiben garniere, „wenn wir heute noch einmal ein bisschen nass werden, ist das ja nun auch nicht so schlimm." An diese Aussage, verspricht Frau Peters beim Verlassen des Frühstücksraumes, werde sie mich noch erinnern.

Wir zahlen, packen und brechen dann auf. „Welche Stadt findest du spannender," frage ich, als wir den Ort verlassen, „Hamburg oder Beckum?" „Du nervst", sagt Frau Peters und holt ihr Regencape aus dem Rucksack.

Wir schlendern an einem kleinen Park mit einer imposanten Mariensäule vorbei, lesen auf der Gedenktafel, dass hier an dieser Stelle bis 1905 der Friedhof von Beckum beheimatet war, und biegen dann nach rechts ab. „Übertrieben farbenfroh ist die Oelder Straße ja nicht", denke ich und sage: „Ich sehe was, was du nicht siehst und das ist grau." Frau Peters schmunzelt: „Ja, mit einem Geschäft für Fassadenfarbe könnte man es hier eventuell weit bringen."

Dann wandern wir eine ganze Weile stumm nebeneinander her. Als ich einige Zeit später nach oben schaue, bekomme ich einen Schreck. Der Himmel ist mittlerweile fast schwarz. „Wir sollten uns irgendetwas zum Unterstellen suchen", rät Frau Peters, „denn es gibt vermutlich gleich ein Unwetter." „Ja, sieht verdammt dunkel aus", denke ich und sage: „Ja, sieht verdammt dunkel aus." In der Ferne donnert es bereits und es fallen erste, dicke, schwere Regentropfen. „Da vorne ist ein gelbes Schild, da scheint ein Ort zu sein", sagt Frau Peters, „da gibt es doch vermutlich eine Möglichkeit, sich unterzustellen." Ich nicke und hebe den Daumen. Dann laufen wir los. So gut und so schnell wie man mit einem umgeschnallten, ultraleichten, 40-Liter-Tourenrucksack eben so läuft. „Wie nennt sich denn dieser Stil? Galopp-Wandern?", frage ich, doch Frau Peters ist jetzt nicht zum Scherzen aufgelegt. „Ist nicht mehr weit", sagt sie etwas außer Atem, und tatsächlich hocken wir einige Minuten später in einem Wartehäuschen der Busstation ,Vellern-Brandt'.

Der Unterstand besteht aus roten Backsteinen und Holzbalken. „Dass die Wartehäuschen schöner sind als die meisten Wohnhäuser, kommt ja auch nicht so häufig vor", sagt Frau Peters und schaut nach oben. Es donnert und blitzt. Ich kann mich nicht erinnern, schon einmal so ein Unwetter erlebt zu haben. Vernünftigerweise sollten wir die Etappe hier abbrechen.

Frau Peters scheint meine Gedanken zu ahnen. „Nein - wir bestellen kein Taxi. Das ist unsportlich." „Ok, Ok", sage ich und überlege gerade, was um alles in der Welt denn daran sportlich ist, weiter frierend an der Bushaltestelle ,Vellern-Brandt' zu sitzen, als wir von einem lauten Reifenquietschen aufgeschreckt werden. Etwa 30 Meter hinter der Bushaltestelle kommt ein schwarzer Sportwagen zum Stehen und fährt jetzt langsam im Rückwärtsgang zurück zu uns. „Was will der denn?", fragt Frau Peters, der das offensichtlich nicht ganz geheuer ist. Ich zucke die Schultern und schaue auf die getönte Scheibe, die sich langsam hinunter bewegt. Eine männliche Stimme ruft von innen. „Noch zwei Ouzo aufs Haus?"

Ich gehe ein wenig in die Hocke und schaue in den Wagen. „Dimitri?" „Ja", lacht er, „ich bin es. Und ihr Spinner - ihr tobt hier immer noch zu Fuß durch die Gegend? Bei dem Wetter? Meine Güte. Ist das Leben dafür nicht zu kurz?"

„Sehr witzig", sagt Frau Peters und fragt etwas kleinlaut: „Du fährst nicht zufällig nach Rheda-Wiedenbrück?" Nein, sagt Dimitri, er würde nach Münster fahren und hätte es auch relativ eilig. „Dann fahren wir eben spontan mit nach Münster", schlage ich vor. Frau Peters schüttelt den Kopf. „Auf keinen Fall." „Wieso?", frage ich, „ist das etwa auch wieder unsportlich?" Sie nickt. „Aber es ist doch eigentlich völlig egal", versuche ich es noch mal. „Der Typ im grünen Bademantel hätte ja auch Bochum gegen Münster steht 1:1 sagen können." „Hat er aber nicht. Der grüne Bademantel hat eindeutig ‚Bielefeld' gesagt." „Hä?", sagt Dimitri, der jetzt verständlicherweise etwas irritiert ist. „Erkläre ich dir später", sage ich und drehe mich zurück zu Frau Peters. „Außerdem ist heute der fünfzigste Geburtstag unseres Wanderfreundes Ralph mit ‚ph'. Und wo feiert er den? Richtig. Und genau da fährt unser lieber ‚Noch n Ouzo aufs Haus' Freund Dimitri nun hin. Wahrscheinlich wollte Dimitri hier gar nicht längs fahren - das Schicksal hat ihn hier vorbei geführt." „Quatsch", sagt Dimitri. „Ich weiß", sage ich und fahre fort: „Die Feier eines netten Menschen zu verpassen, weil man lieber in Rheda-Wiedenbrück oder Oelde alleine im Gasthof hocken möchte. Wenn das sportlich ist, möchte ich gerne unsportlich sein." Frau Peters schaut mich lange an, dann lächelt sie, öffnet die Heckklappe und legt ihren Rucksack herein: „Wer will schon nach Rheda-Wiedenbrück?" „Also", sagt Dimitri, „denn lass uns mal los, und ganz ehrlich, Mann: Ihr beiden solltet mal einen richtigen Urlaub machen - das täte euch sicher gut." Dann fahren wir los. Der Regen wird noch stärker und noch bedrohlicher, was Dimitri dazu veranlasst, den Pegel der griechischen Musik entsprechend anzupassen.

Als wir die Stadtgrenze von Münster erreichen, fährt er kurz rechts ran und fragt: „Wo soll ich euch denn absetzen? Habt ihr die Adresse von dem Ort, wo das Fest stattfindet? Oder wollt ihr erstmal in irgendein Hotel?" Ich zucke die Schulter: „Keine Umstände, Dimitri. Wo fährst du denn hin? Ins Zentrum?"

„Nein", sagt Dimitri, „ich fahre nicht ins Zentrum, ich fahre Richtung Osnabrück zum Flughafen und hole dort einen Freund ab. Am besten ihr kommt gleich mit und steigt dort spontan ins nächste Flugzeug. Wo auch immer das hinfliegt: Besser als Westfalen im Dauerregen ist es überall." „Schon schlechtere Ideen gehört", denke ich und drehe mich zu Frau Peters: „Sag doch mal ganz spontan ein sonniges Flugziel." Dimitri dreht die Musik leise und schaut gespannt in den Rückspiegel. Es dauert eine ganze Weile, dann lächelt Frau Peters: „Ihr glaubt doch nicht im Ernst", sagt sie, „dass ich morgens in Beckum meinen Rucksack packe, um nach Rheda-Wiedenbrück zu wandern, mich dann auf halbem Weg an einer Bushaltestelle in Vellern von einem Bochumer Kellner überreden lasse, wegen ein paar Regentropfen nicht weiterzulaufen und stattdessen nach Münster auf eine Geburtstagsparty zu fahren. Um dann, dort angekommen - April April - doch nicht auf die Geburtstagsfeier zu gehen, weil: Ist ja nur ein Wanderer, der da feiert, da muss man ja nicht hin...nein...kann man genauso gut ganz spontan in einen Club auf Mallorca fliegen. Ehrlich: Ich glaube ihr spinnt." Nach einer kurzen Verschnaufpause stellt Dimitri nicht ganz zu Unrecht fest, dass das von der Tendenz her vermutlich eher ein Nein war. Ich zucke die Schultern. „Von Cluburlaub hat niemand etwas gesagt", murmele ich. „Von Mallorca auch nicht", ergänzt Dimitri. In dem Moment donnert es derartig laut, dass ich Frau Peters bitten muss, zu wiederholen, was sie gerade gesagt hat. Sie hüstelt verlegen: „Samos soll ganz schön sein", sagt sie. „Ja", bestätigt Dimitri und strahlt, „Samos ist toll und Rhodos erst und Kreta und Santorini und Korfu und Paros und Mykonos und..." „Stop", sage ich, „wir haben es verstanden. Gibt es auch irgendeinen Ort, der nicht schön ist?" „Gütersloh." „Ich meinte in Griechenland." Dimitri schüttelt den Kopf: „Und gerade einmal 70 Regentage im ganzen Jahr gibt es dort. An 330 Tagen ist der Himmel wolkenlos." „Wow", denke ich und will gerade „Lange Jahre habt ihr da unten" sagen, als mich Frau Peters weckt. „Aufwachen. Wir sind in Münster." „Oh", sage ich und reibe mir verschlafen die Augen, „eventuell bin ich kurz weggenickt." „Ja", sagt Frau Peters, „eventuell. Hoffe, du hast was Schönes geträumt." „Ja. Ich habe geträumt, dass wir die Wanderung abbrechen und ganz spontan nach Griechenland fliegen", sage ich wahrheitsgemäß. „Super! Noch zwei Ouzo aufs Haus!", ruft Dimitri und klatscht begeistert, „solange ihr so was träumt, gibt es berechtigte Hoffnung, dass ich euch nicht regelmäßig aus überfluteten Bushaltestellen retten muss..." Ich drehe mich zu Frau Peters: „Tut mir leid", sage ich, „mir gefällt unsere Wanderung wirklich gut. Es ist nur dieser blöde Regen, der mich ein wenig zermürbt." Frau Peters nickt: „Geht mir ehrlich gesagt auch so. Übrigens: Während du geschlafen hast, habe ich mit Viola telefoniert. Die Arme ist völlig durch den Wind, weil das Restaurant zu wenig Plätze reserviert hat. Es ist, glaube ich, keine gute Idee, wenn wir da jetzt auch noch auftauchen. Lass uns lieber mal mit den Beiden ein Wochenende in der Lüneburger Heide wandern. Da können die dann von ihrer Feier erzählen." Ich nicke: „Gut!" „Und", sagt Frau Peters, „wir könnten bei dem Treffen doch von unserem spontanen Griechenlandurlaub erzählen, was meinst du? Wir müssen doch beide erst in zehn Tagen wieder arbeiten." Ich schaue Frau Peters an und weiß nicht so recht, was ich sagen soll. Irgendwie habe ich ein schlechtes Gewissen.

„Meinst du das ernst?", frage ich. „Meint sie!", sagt Dimitri, „wart ihr beiden schon mal auf Kreta?" „Nein." „Nein." „Fehler", sagt Dimitri und greift zum Telefon: „Kalimera Costa, bist du im Reisebüro am Flughafen? Gut. Ich habe hier zwei Hamburger, die sich in Sachen Urlaub gerade schweren Herzens für Griechenland und gegen Westfalen entschieden haben. Gibt es sonntags noch diesen Flug nach Kreta und sind da zufällig noch zwei Plätze frei?" Dimitri lauscht der Antwort, schaut uns durch den Rückspiegel an und hebt dann den Daumen. „Reserviere die beiden Plätze mal - wir sind in 30 Minuten da."

Zwei Stunden später heben wir ab. „Das ging jetzt alles so schnell", sagt Frau Peters, „wir haben Dimitri gar nicht richtig gedankt." „Nee", sage ich, „wir müssen ihm unbedingt gleich morgen eine Karte an die Adresse der Taverne in Bochum schicken." „Ja, das machen wir", sagt Frau Peters und fragt, was ich denn sonst morgen am ersten Tag auf Kreta machen möchte. Ich schaue durchs Flugzeugfenster in den dunkelgrauen westfälischen Himmel. „Taucherflossen besorgen", murmele ich. Dann fallen mir die Augen zu.

Ebenfalls bei BOD veröffentlicht:

Bloß nicht in Tüdel kommen

Parkinson - ein Kurbericht

von Arne Peters